Les cygnes auraient-ils un pouvoir de fascination sur l'être humain ? Pendant des siècles, leur beauté et leur grâce ont été une source d'inspiration dans les domaines du folklore, de la littérature et de la musique. Source d'inspiration du compositeur finlandais Sibelius qui créa « *Le cygne de Tuonela* » : Un cygne sacré nageait et chantait sur la rivière qui séparait la terre de la vie de Tuonela, la terre de la mort. A cette époque, un jeune héros nordique voulait épouser la jeune fille dont il était amoureux. La mère de celle-ci exigea de lui qu'il tue le cygne sacré d'une seule flèche. Il allait s'exécuter lorsqu'un berger jeta sur lui un serpent. Notre héros tomba alors dans la rivière qui le charria vers Tuonela...

Dans la mythologie grecque, Léda fut aimée de Zeus qui prit l'apparence d'un cygne pour la séduire et dont elle eut Castor et Pollux, Hélène et Clytemnestre.

C'est le naturaliste Carl von Linné qui donna au cygne son nom de genre – cygnus – en l'honneur de Cycnos, fils d'Apollon, transformé en cygne après sa noyade.

Si maintes fois et par toute saison je me suis levé avant l'aube pour observer tout au long des rivières d'Alsace ce grand oiseau blanc, c'est parce qu'il exerce sur moi une mystérieuse attirance. Je l'observe, et à chaque fois sa poésie me touche au plus profond de moi-même.

Lorsque l'on photographie les oiseaux, il est important de ne pas les déranger, surtout pendant la période de reproduction et plus encore pendant la construction du nid, car la ponte est imminente et le nid doit être prêt dans les délais.

La discrétion est essentielle vis-à-vis des animaux rencontrés et il va sans dire que ce même respect doit être la règle à suivre envers les espèces végétales dans nos pays où maints endroits, susceptibles d'accueillir certaines espèces animales, sont déjà très menacés.

Photographier les animaux demande une grande patience. L'empressement pour prendre le cliché est significatif du comportement irréfléchi de tel « photographe », et bien souvent le stress de l'espèce dérangée est visible sur la photo. Et puis où est le plaisir ? La prise de vue animalière demande non seulement des connaissances sur le comportement des animaux et sur le milieu dans lequel ils évoluent, mais surtout une véritable passion pour les bêtes.

Philippe Henry

Relecture scientifique : Pierre Bertrand

Loi numéro 49 956 du 16 juillet 1949 sur les publications destinées à la jeunesse : septembre 1992
Dépôt légal : septembre 1992
Imprimé en France par Aubin Imprimeur, Poitiers-Ligugé

Philippe Henry

Cygnes

ARCHIMÈDE
l'école des loisirs
11 rue de Sèvres, Paris 6e

A l'époque de ses amours (février-avril), un couple de cygnes devient très agressif. Il défend énergiquement son territoire et les abords du nid contre toute intrusion.
Ce n'est pas méchanceté de sa part, mais protection de l'espace vital: il faudra à la couvée toute la nourriture nécessaire à sa croissance.

L'intrus est mis en fuite au prix d'une violente bagarre.
Poursuivi par le mâle, il s'envole en battant lourdement l'eau de ses ailes.
En l'air, ses mouvements deviennent plus gracieux.

Après une bref ballet aérien, le mâle est de retour.
Le bruissement sonore de ses ailes nous avertit de son arrivée.

Il redescend, les deux pattes en avant, et se pose dans une grande gerbe d'eau.

Les batailles de cygnes sont en effet violentes, mais l'intimidation suffit
à éloigner l'intrus dans la majorité des cas.

Un matin, dans les roseaux baignés de silence et de brume, c'est le ballet nuptial. De son long cou qui a doublé de volume, le mâle enlace celui de la femelle qui plonge la tête sous l'eau de plus en plus fréquemment.

L'accouplement, ou *pariade*, ne dure qu'une dizaine de secondes. Après quoi les deux oiseaux se redressent et jaillissent face à face, cou tendu vers le ciel.
Ensuite ils demeurent tranquillement côte à côte.

Quand vient le moment de la ponte, il ne faut surtout pas déranger les cygnes.
L'observateur doit rester discret, à une bonne distance.
Voici le mâle qui rapporte des tiges de roseau et divers autres matériaux pour bâtir le nid.

La femelle a construit un monticule au centre duquel elle s'installe. Du bec, elle attrape les débris de roseau qu'elle tasse bien autour d'elle, étoffant progressivement le nid. Il doit être assez solide et assez haut pour protéger les œufs d'une éventuelle montée des eaux.

Avril. Les œufs sont maintenant pondus. La femelle les couve.
Le mâle, lui, patrouille pour surveiller les environs.
Selon un horaire fixe, il vient relever la femelle
qui l'accueille avec de petits cris, et part se nourrir à son tour
après avoir recouvert les œufs avec les matériaux du nid.
En son absence, le mâle monte la garde.
Il ne s'installe jamais sur les œufs, qui restent
bien enfouis et cachés des prédateurs – corneilles
noires et geais des chênes.

Au bout de trente-cinq jours,
la femelle donne des signes d'excitation.
Un petit cygne émerge de son plumage,
puis un autre, puis encore un,
et ainsi de suite jusqu'à six !
Les petits cygnes sont fragiles
et maladroits. Chacun porte au bout
du bec une espèce de dent, le *diamant*,
qui lui a permis de casser sa coquille,
et qui tombera après quelques jours.

En mai, juin, la belle saison approche. Quand il y a trop de soleil, la femelle se lève et déploie ses ailes pour faire de l'ombre à ses petits. Ils prennent de l'assurance et se promènent autour du nid en trébuchant dans les roseaux. Ils vont voir leur père et essaient de lui grimper dessus. Mais il ne se laisse pas faire. Ce n'est que dans l'eau qu'il acceptera de les porter sur son dos, pour les protéger de la dent du brochet !

Vient le moment d'aller à l'eau. La mère y encourage sa couvée de la voix. Finalement les jeunes cygnes se décident et, tout de suite, ils se mettent à nager. Ils se précipitent sur les plantes que leurs parents arrachent à leur intention. Après le bain, la mère regagne le nid et les petits viennent se blottir contre elle pour se réchauffer.

Trois jeunes cygnes au duvet blanc auront un premier plumage blanchâtre qui virera au blanc pur dès l'automne. Les trois autres, au duvet gris, porteront d'abord un plumage gris-brun, qui deviendra brun et blanc au cours de l'hiver. Ce n'est qu'au deuxième printemps de leur vie qu'ils acquerront leur totale blancheur définitive. Mais leurs pattes deviendront noires, et non roses comme celles de leurs frères nés avec le duvet blanc.

Été. Les jeunes cygnes ont encore besoin de leurs parents pour se nourrir. Leur petite taille ne leur permet d'atteindre ni le fond de l'eau, riche en aliments, ni la haute végétation. Pour leurs petits, les adultes attrapent les plantes élevées et remuent le fond de l'eau pour en faire remonter les éléments nutritifs.

Les cygnes se nourrissent de l'aube au crépuscule, ne s'arrêtant que pour faire leur toilette ou se reposer. Grâce à leur bec puissant, ils se saisissent facilement des plantes aquatiques.

Les cygnes n'ont pas de dents, bien sûr. Ce sont les petits gravillons et le sablequ'ils avalent sans cesse qui permettent à leur gésier de broyer les aliments.Ils sont végétariens, mais ne dédaignent pas à l'occasion les larves, insectes et petits batraciens qui leur apportent des protéines. Leur langue, pourvue de corpuscules tactiles, leur sert à retenir les éléments nutritifs de la boue qui se dépose au fond des eaux.

Chaque année, le cygne adulte subit une mue du plumage, qui dure entre six et huit semaines. La femelle perd ses plumes de vol (ou *rémiges*) au moment de l'éclosion des œufs. La mue du mâle ne commence que lorsque sa compagne peut à nouveau voler. Ainsi la protection du nid est toujours assurée.

La toilette est un acte important pour le cygne. Du bec, il lisse et nettoie soigneusement son plumage ; il l'imperméabilise en y répandant la sécrétion huileuse que produit la glande *uropygienne*, située à la base de sa queue.

Environ 400 couples de cygnes tuberculés (*Cygnus olor*) se reproduisent chaque année en France, dont une centaine en Alsace. Nos cygnes ne sont pas migrateurs. Ils ne se déplacent sur de grandes distances que lorsque les hivers sont très froids et que le gel des étendues d'eau les empêche de se nourrir.

En septembre, les jeunes ont leur taille adulte.
Leurs mouvements pour se nourrir sont parfois comiques.
Quand l'aliment se trouve en profondeur,
ils piquent une tête ensemble, la queue à la verticale,
s'équilibrant à petits coups de palmes...

Décembre arrive. Les cygnes sont rejoints par d'autres venus du nord, où sévissent déjà les premiers grands froids.
La famille se disperse. Les jeunes ont maintenant toute leur indépendance.
Certains peuvent çependant rester avec leurs parents pendant tout l'hiver.
Ils seront alors chassés par ceux-ci lors de la période de reproduction suivante.

L'hiver referme lentement son poing de glace sur les étendues d'eau…
Le couchant allume ses mille feux sur le paysage gelé. La nuit tombe.
Les cygnes ne sont plus que des ombres mouvantes, fantômes des roselières,
souvenirs de beauté qui traversent nos rêves…

TOUT SUR LES CYGNES, EN BREF :

Autres noms :
Anglais : *Mute Swan*
Allemand : *Höckerschwan*
Néerlandais : *Knobbelzwaan*
Suédois : *Knölsvan*
Italien : *Cigno reale*
Espagnol : *Cisne vulgar*
Finlandais : *Kyhmyjoutsen*

Le cygne tuberculé niche en Eurasie, du Royaume-Uni à la Mongolie. Il a été introduit en Amérique du Nord, en Nouvelle Zélande et en Afrique du Sud.

Nom scientifique : Cygnus olor

Autres espèces et sous-espèces :
Cygne de Bewick (*Cygnus columbianus Bewickii*) Niche au nord de la Russie,de la presqu'île de Kanine au delta de la Léna.
Cygne de Bewick (*Cygnus columbianus jankowskii*, sous-espèce). Niche dans la toundra arctique de l'Asie de l'Est, du delta de la Léna au delta de la Kolyma.
Cygne sauvage (*Cygnus cygnus*). Niche à travers l'Eurasie (Suède, Finlande, Russie…) et en Islande.
Cygne siffleur (*Cygnus columbianus columbianus*). Niche dans la toundra, de l'Alaska à la baie d'Hudson.
Cygne trompette (*Cygnus buccinator*). Le plus gros de tous les cygnes. Il niche en Amérique du Nord et au Canada.
Cygne à cou noir (*Cygnus melanocoryphus*). Niche en Amérique du Sud.
Cygne Coscoroba (*Coscoroba coscoroba*). Niche en Amérique du Sud.
Cygne noir (*Cygnus atratus*). Niche en Australie, en Nouvelle Zélande et en Tasmanie.

Nombre de couples qui se reproduisent :
En Europe, il y a environ 28 400 couples qui se reproduisent.

Quelques exemples :
Autriche : 150
Danemark : 4000
Finlande : 1000
France : 400 couples
Grande-Bretagne : 3150
Norvège : 200-250
Pays-Bas : 2500-3500
Pologne : 4000
Suède : 3500
Suisse : 500